La entrenadora de cachorros

por Rosa Lester

Scott Foresman
is an imprint of

Glenview, Illinois • Boston, Massachusetts • Chandler, Arizona
Upper Saddle River, New Jersey

Every effort has been made to secure permission and provide appropriate credit for photographic material. The publisher deeply regrets any omission and pledges to correct errors called to its attention in subsequent editions.

Unless otherwise acknowledged, all photographs are the property of Pearson.

Photo locations denoted as follows: Top (T), Center (C), Bottom (B), Left (L), Right (R), Background (Bkgd)

1 ©Phanie/Photo Researchers, Inc.; 3 ©Jim Craigmyle/Corbis; 4 Guide Dogs For the Blind, Inc.; 7 ©Stephanie Diani/Corbis; 8 ©Van Parys/Corbis; 9 ©Phanie/Photo Researchers, Inc.; 10 ©Dale C. Spartas/Corbis

ISBN 13: 978-0-328-53355-8
ISBN 10:   0-328-53355-6

Copyright © by Pearson Education, Inc., or its affiliates. All rights reserved. Printed in the United States of America. This publication is protected by copyright, and permission should be obtained from the publisher prior to any prohibited reproduction, storage in a retrieval system, or transmission in any form or by any means, electronic, mechanical, photocopying, recording, or likewise. For information regarding permissions, write to Pearson Curriculum Rights & Permissions, One Lake Street, Upper Saddle River, New Jersey 07458.

Pearson® is a trademark, in the U.S. and/or other countries, of Pearson plc or its affiliates.

Scott Foresman® is a trademark, in the U.S. and/or other countries, of Pearson Education, Inc., or its affiliates.

2 3 4 5 6 7 8 9 10 V0N4 13 12 11 10

¿Has visto alguna vez un perro como éste? Es un perro guía. Ayuda a las personas que no pueden ver, y a otras que no pueden ver ni oír, a cruzar la calle y bajar las escaleras. Así no tropiezan al andar.

Los nuevos perros guías deben ser entrenados. Así aprenden a comportarse. El entrenamiento comienza desde que son cachorros.

Vas a leer sobre una niña que quiere ser entrenadora de cachorros.

Flor llega a su casa flotando de felicidad. Ha oído hablar sobre los entrenadores de perros guías. A ella le gusta ayudar a la gente y le encantan los perros.

—Mami —dice Flor—, quiero entrenar un cachorro para que sea un perro guía.

—¿Has dicho *entrenar un cachorro?* —dice su mamá—. Cuéntame de qué se trata.

—El entrenador cría al cachorro en su casa —dice Flor—. Debe darle mucho amor para que aprenda a querer a las personas.

—Pues tú eres muy querida por los animales porque eres cariñosa —dice su mamá—. Podrías enseñarle eso a un perrito.

—Eso no es todo —dice Flor—. Un entrenador ayuda al cachorro a entender órdenes como *siéntate* y *quieto*, o un chiflido de llamada. Debe enseñarle a ser obediente.

—Pues tú eres obediente —dice su mamá—. Podrías enseñarle eso a un perrito.

—Un perro guía va a muchos lugares con su amo. Debe aprender a estar entre mucha gente —dice Flor—. El entrenador debe llevarlo a conocer distintas personas.

—Pues tú eres muy conocida por todos lados —dice su mamá—. Podrías enseñarle eso a un perrito.

—Un perro guía ayuda a su amo a desplazarse en transporte público —dice Flor—. El cachorro tiene que acostumbrarse a los carros, trenes y autobuses.

—Pues tú eres una flecha yendo de un lugar a otro —dice su mamá—. Podrías enseñarle eso a un perrito.

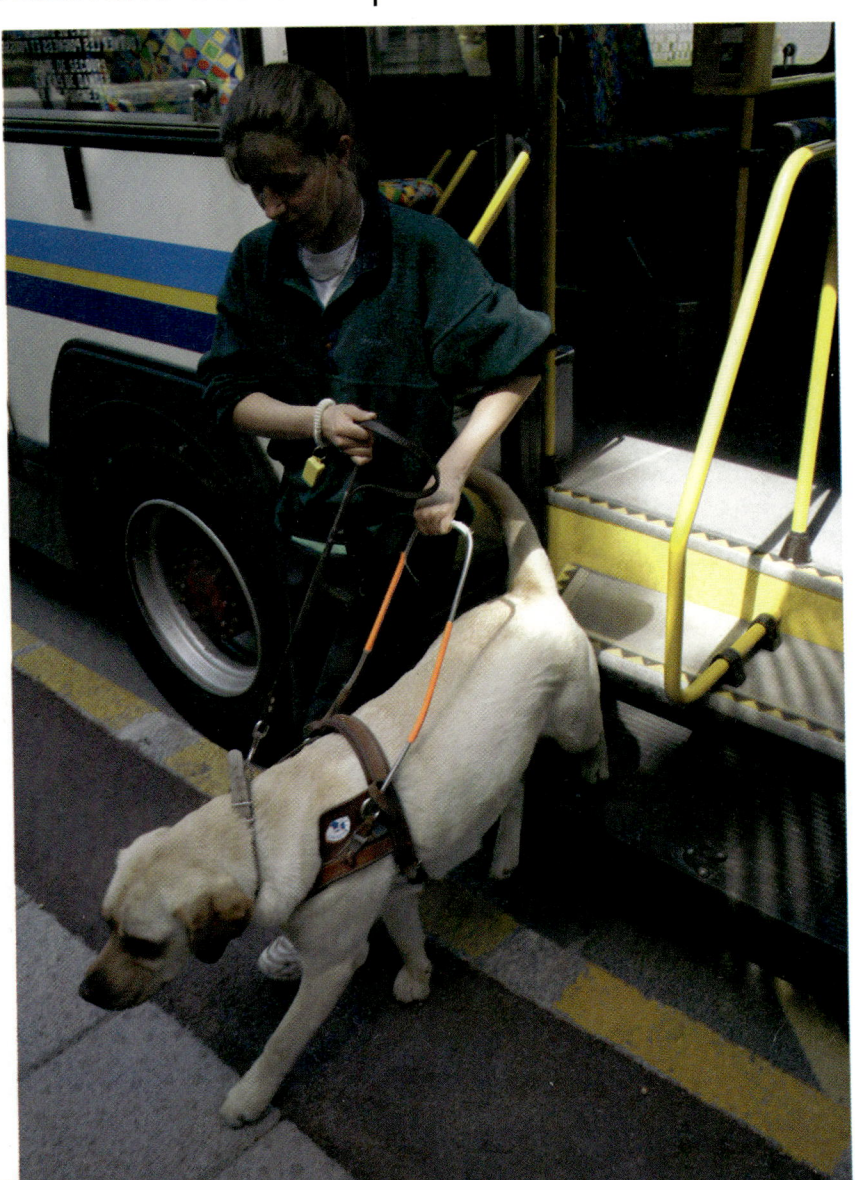

—¿Y qué pasa cuando el cachorro crece? —preguntó la mamá de Flor.

—Cuando el perro tiene de 13 a 18 meses, regresa al centro de perros guías. Allí recibe más entrenamiento. Entonces lo entregan a su nuevo amo —dice Flor.

—Me gusta lo que me has contado —dice la mamá de Flor después de un rato callada—. Mientras entrenas al perrito, tienes que pensar en lo que necesita la otra persona que será su dueño. Tienes que imaginar lo que el perro hará por esa persona.

—Sí —dice Flor—. Eso es lo que más me gusta.

—¿Puedo entonces entrenar a un cachorrito? —pregunta Flor.

Mamá se queda mirando a Flor. ¿Qué le dirá?

—Si eso es lo que quieres, adelante —por fin dice mamá—. Sé que serás muy buena entrenadora de cachorros.